Sóc un PAPU!

escrit per **Berta Rubio**
il·lustrat per **Edurne Lacunza**

Primera edició: Febrer 2016
© Del text: Berta Rubio
© De les il·lustracions: Edurne Lacunza
© De l'edició: OmniaBooks

ISBN: 978-84-944832-0-2
www.omniabooks.com

Sóc un PAPU!

"-Mama, on era el papu quan la Noa era petita?

-El papu no hi era, Uma. Quan la Noa era petita, la mama vivia amb el papa.

-Mama, i on era jo quan la Noa era petita?

-A la meva panxa.

-Amb el papu!?"

Uma, 3 anys.

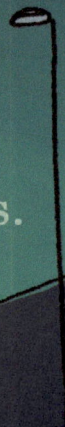

-Papu, a tu quan et van fer?

-Ui, doncs fa una pila d'anys! La meva mama i el meu papa...

-No, No, papu! Quan eres petit no eres el papu! Quan et vas fer papu?

-Ah, doncs devia ser el dia que vaig veure la mama per primera vegada.

-Que no, papu!!! Que llavors tampoc eres el papu! Eres un amic de la mama!

-Ah, sí? A veure... Ja ho sé! Em vaig fer papu el dia que us vaig conèixer a vosaltres dues!

-Hahahaha, apa, papu! Però si només eres un amic que menjava molta pizza!

-Molta? Ostres! Vols dir? Doncs potser va ser el primer estiu que vam anar de vacances junts?

-Nooooooo! De vacances et vas fer nòvio de la mama!

-Em vaig fer nòvio de la mama de vacances?! I tu com ho saps això?

-M'ho ha dit la Noa.

-Vaja, sí que sap coses, la Noa...

-Em sembla que et vas fer papu el primer dia que vas canviar els bolquers a l'Uma.

-No, no, el primer dia que ens vas explicar un conte per anar a dormir!!

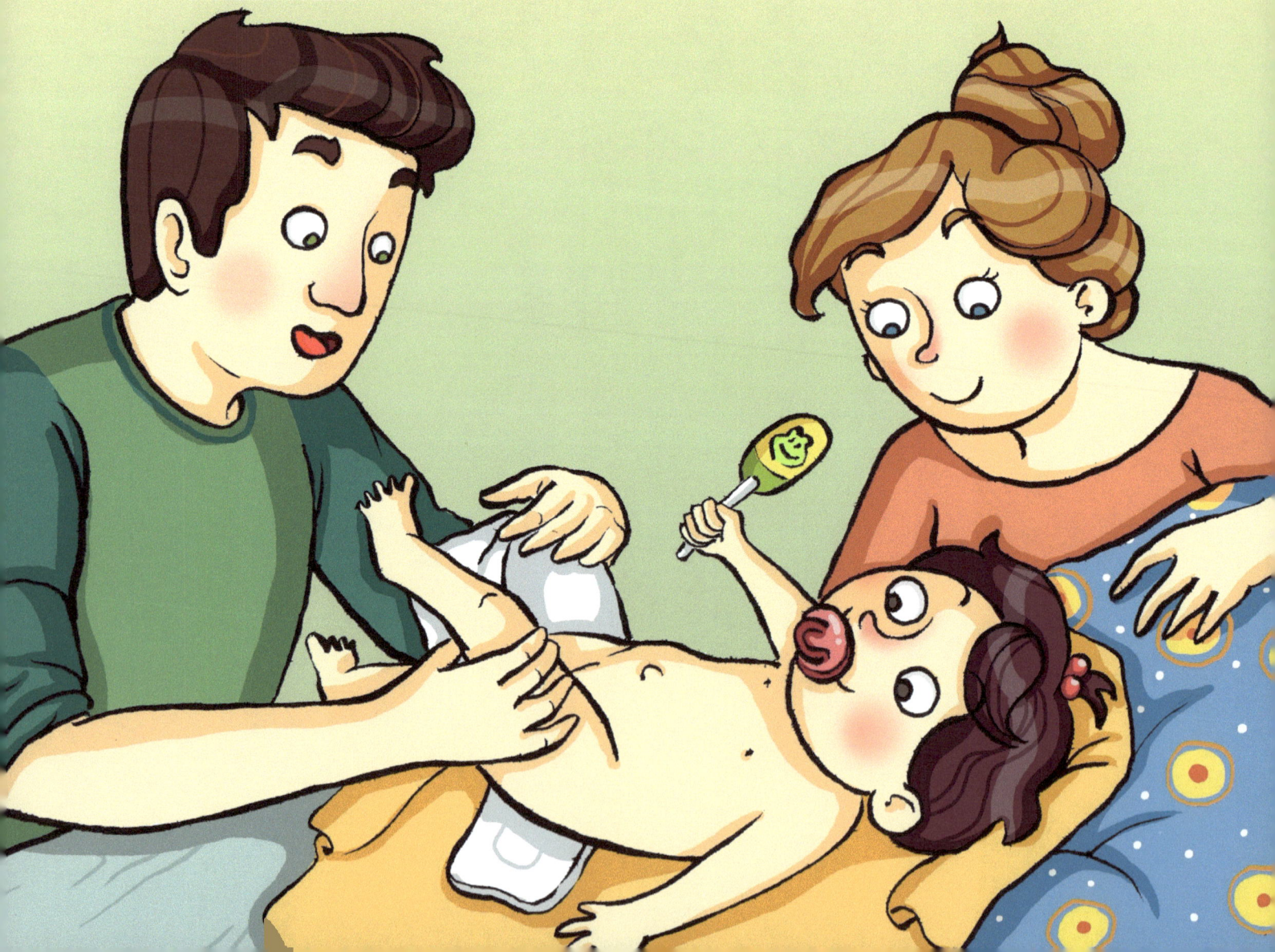

-Potser em vaig fer papu el primer dia que em vau fer un petó...

-Em sembla que va ser el dia que em vaig fer mal al colze i em vas posar una tirita!

-Noooooo, primer jo em vaig fer mal al dit! Primer em vas posar una tirita a mi!

-A veure, calma, i si va ser el primer dia que vaig ajudar la Noa a fer els deures?

—No, papu, va ser el dia que et vaig vomitar la papilla a sobre!!

—Aquell dia? Ecs! Va ser una mica fastigós aquell dia...

Mamaaaaa!!!

-Què us passa?

-Mama, quin dia es fa ver papu, el papu?! Oi que va ser el dia que em vaig fer mal i em va posar una tirita?

-No, mama, oi que va ser el dia que li vaig vomitar a sobre?!

-Hahahaha! Sí, van ser tots aquests dies, baldufetes. I el dia que es va emocionar perquè la Noa va treure molt bones notes, i el dia que va renyar l'Uma perquè es va deslligar del cotxet, i el primer dia que vau jugar a pentinadores...

ja ja!!

Sabeu una cosa? Les mames i els papes neixen una mica de cop, en el moment que saben que han de ser mames i papes (com ens va passar al vostre pare i a mi el dia que vam saber que tindríem la Noa). Però els papus, els papus neixen a poc a poquet…

Un dia esperen impacients el primer festival de ballet, un dia surten corrents de matinada a la farmàcia a comprar xarop, un altre dia truquen al papa per enviar-vos un petó quan sou a casa seva, i un altre han de renyar una mica perquè hi ha massa gatzara!

I llavors, un dia, es miren al mirall i diuen: Ostres! Aquests ulls, aquest cabell, aquest nas… són els mateixos de sempre, però…

C UN PAPU!!!!!

-Oh!! Que xuli!!!! I podem tenir una mamu?!

-Hahaha! Li haureu de preguntar al papa, però això ja és una altra història i ara és hora d'anar a dormir!

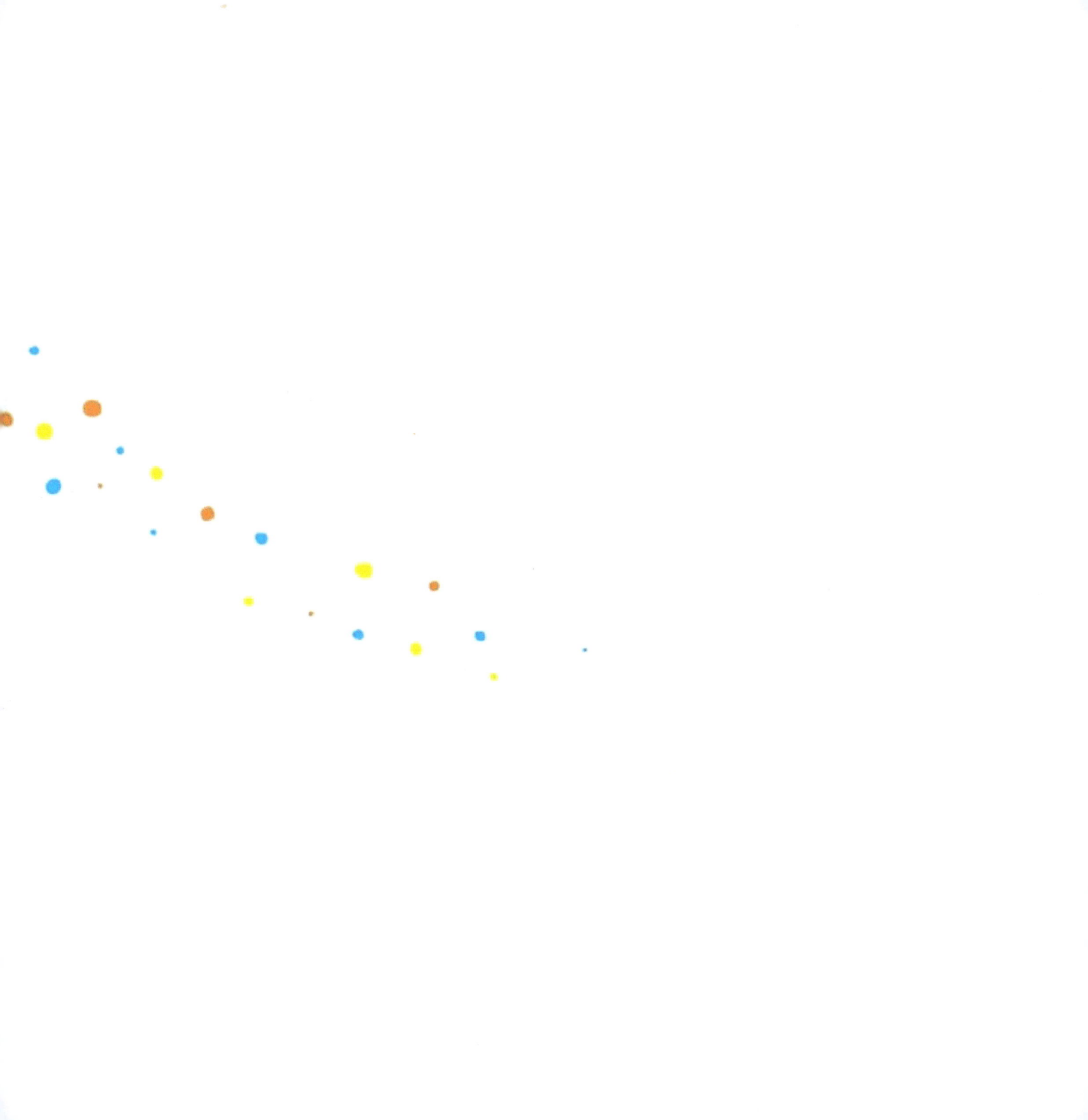

www.ingramcontent.com/pod-product-compliance
Lightning Source LLC
Chambersburg PA
CBHW042120040426
42449CB00002B/117